yukismart.com/b/6349ea

body

тело

head

голова

face

лицо

grow up

расти

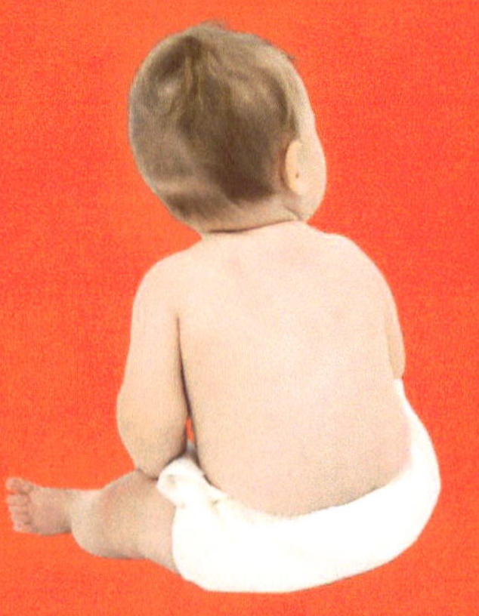

back

спина

chest

грудь

bottom

попа

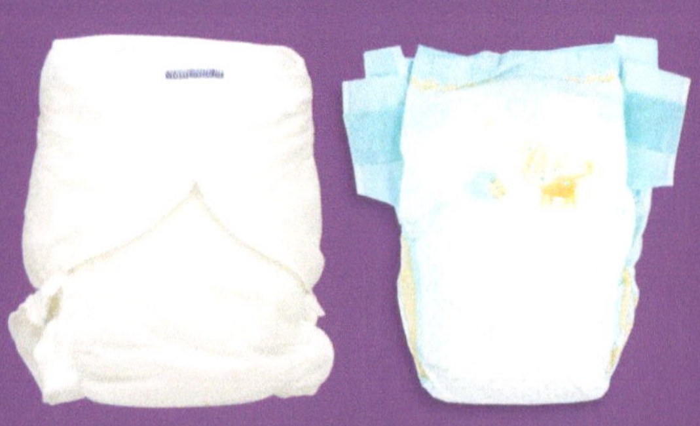

diaper

подгузник

eye

глаз

glasses

очки

forehead
лоб
chin
подбородок

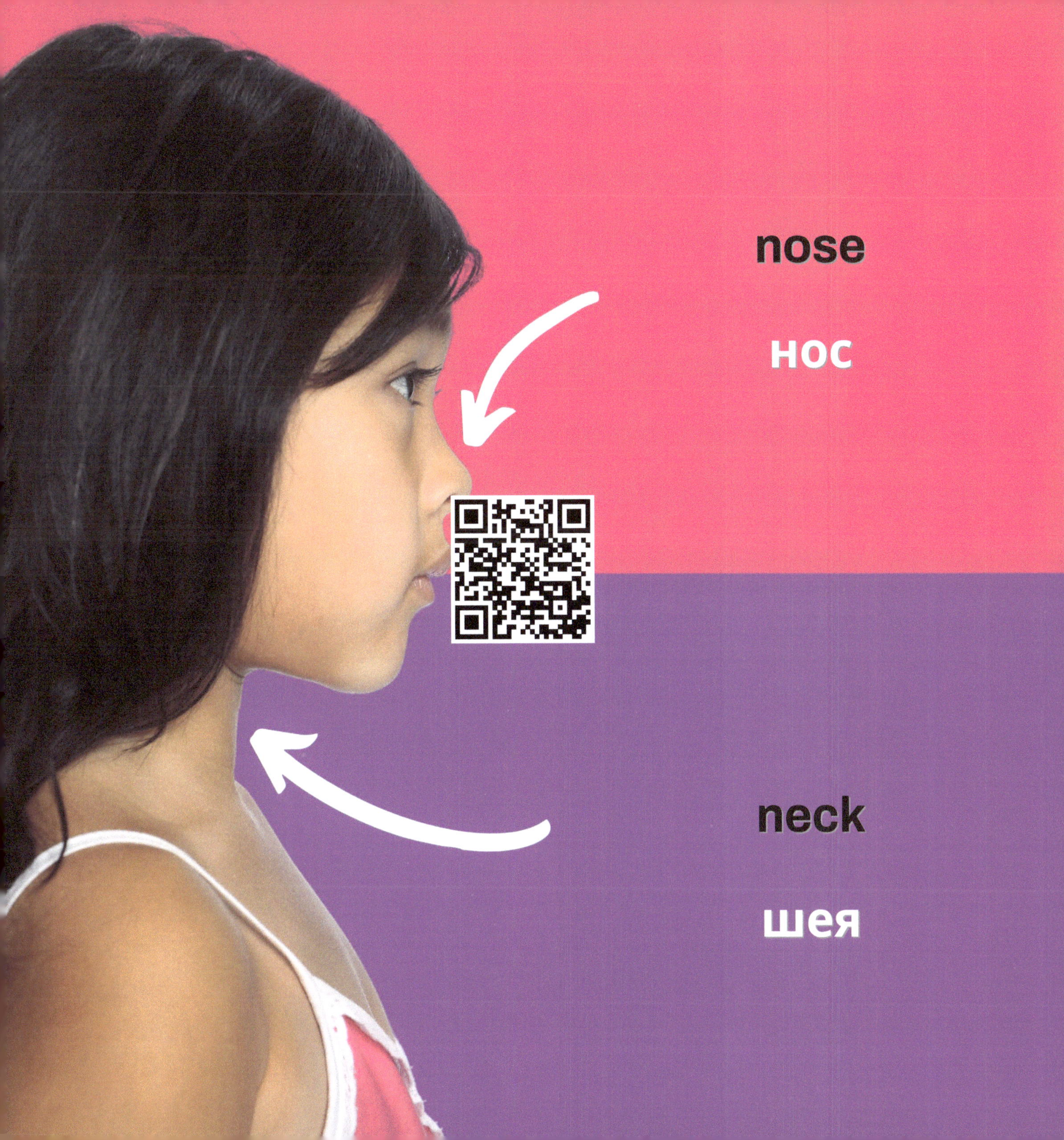

nose
нос
neck
шея

ear

ухо

cheeks

щёки

kiss

поцелуй

mouth

рот

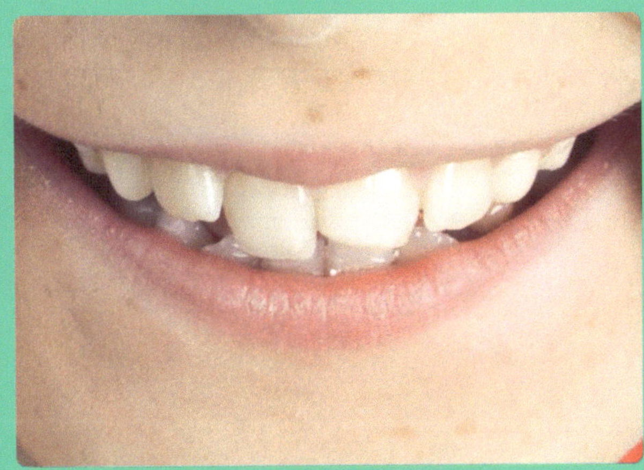

teeth

зубы

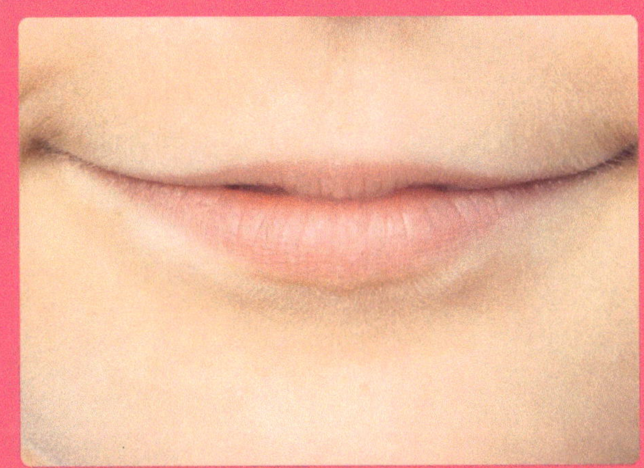

lips

губы

tongue

язык

hair

волосы

straight hair

прямые волосы

curly hair

кудрявые волосы

black hair

черные волосы

brown hair

каштановые волосы

ginger hair

рыжие волосы

blond hair

светлые волосы

gray hair

седые волосы

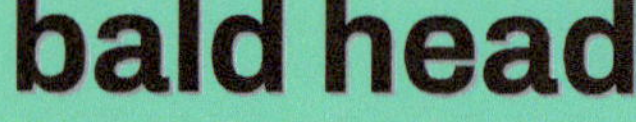

bald head

лысая голова

beard

борода

moustache

усы

arm

рука

elbow

локоть

hand

рука

fingers

пальцы

thumb

большой палец

belly

живот

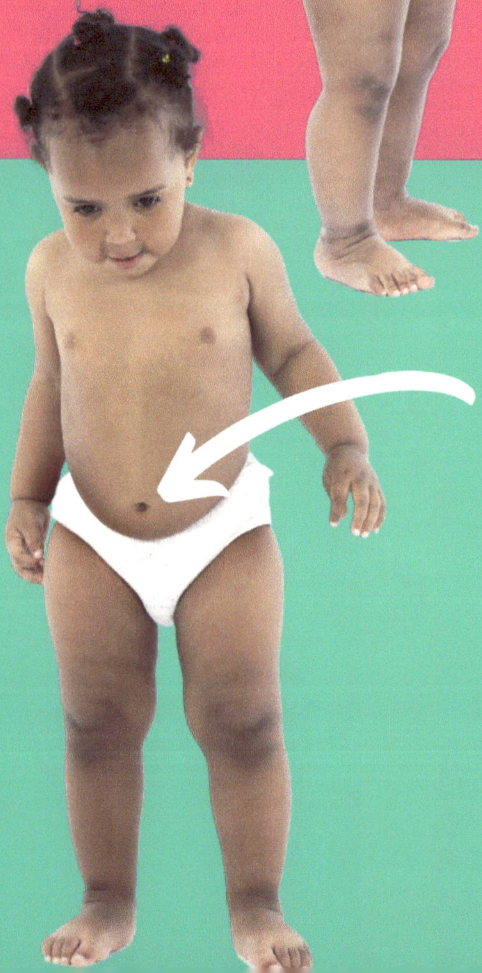

navel

пупок

foot

ступня

leg

нога

heel

пятка

thigh
бедро
ankle
лодыжка

calf

икра ноги

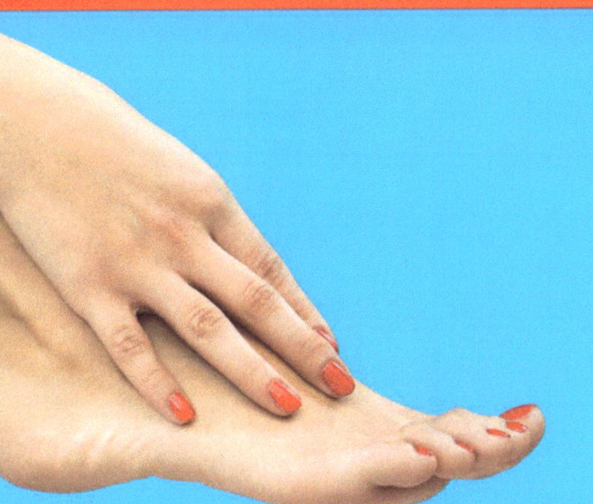

nails

ногти

knee

колено

necklace

ожерелье

bracelet

браслет

hat

шляпа

scarf

шарф

coat

пальто

pullover

свитер

pants

штаны

dress

платье

rain boots

резиновые сапоги

socks

носки

shoes

обувь

mittens

варежки

Ex: 24705
Se: 1
Im: 4
S 120
Diagnostic Center.
22 309
Nov 08 11
A
120
P
120
I 120

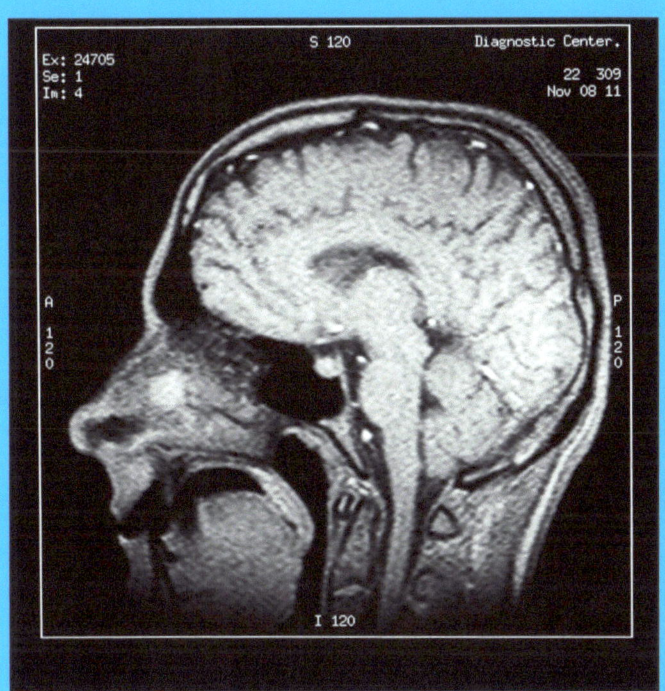

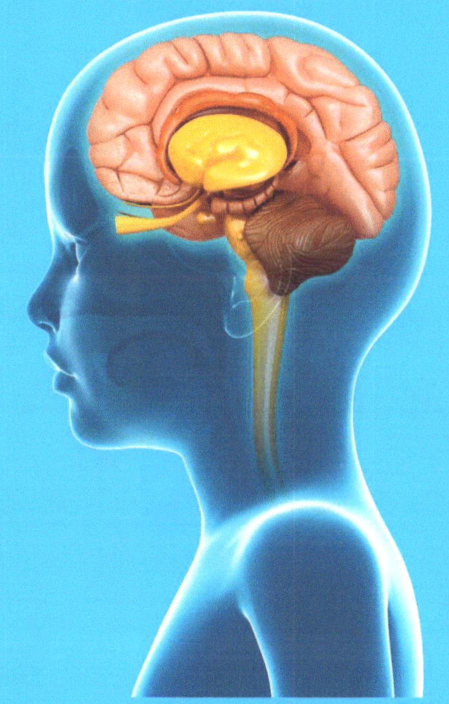

brain

мозг

heart

сердце

lungs

лёгкие

skin

кожа

sunscreen

солнцезащитный крем

sun glasses

солнцезащитные очки

soap

мыло

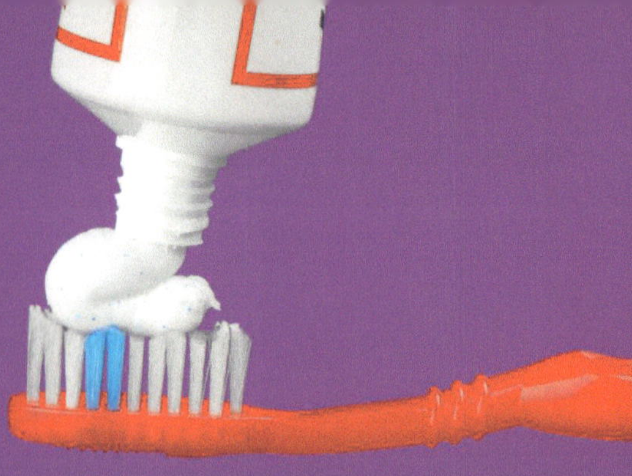

toothpaste

зубная паста

toothbrush

зубная щетка

pain

боль

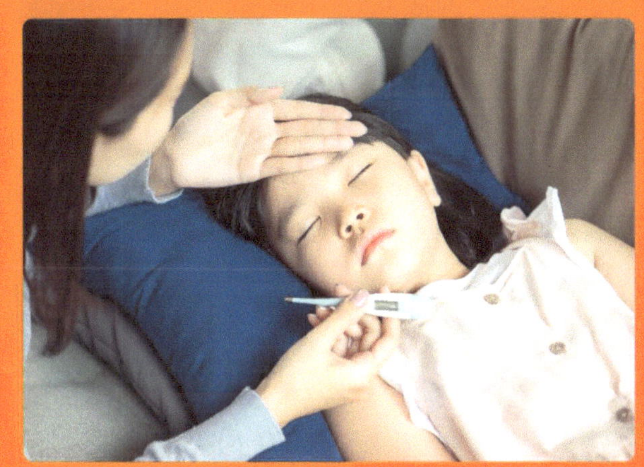

fever

жар

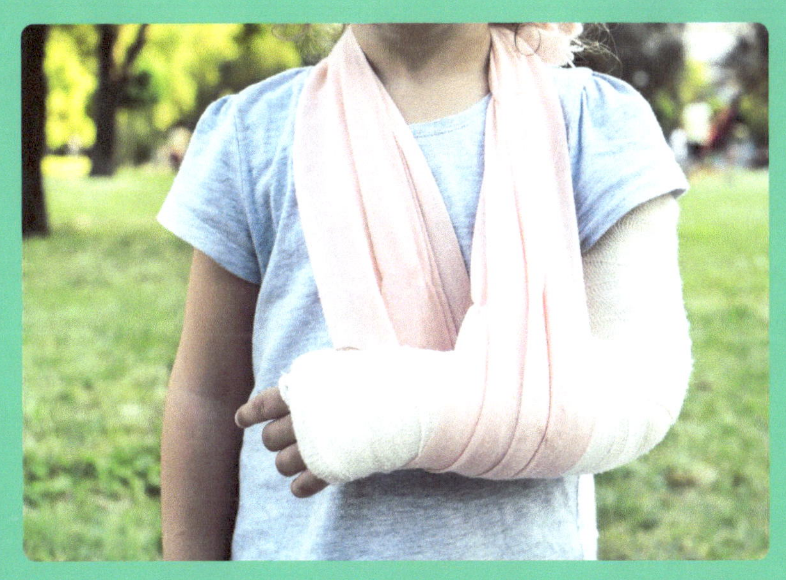

broken arm

сломанная рука

sneeze

чихать

cough

кашель

dental cavity

зубной кариес

pharmacist

фармацевт

medicine

лекарство

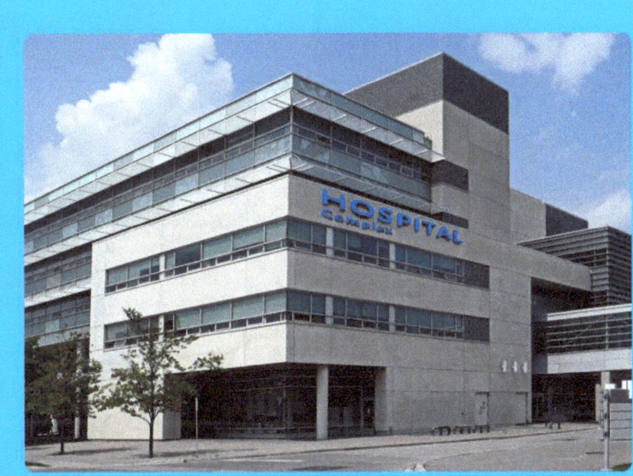

hospital

больница

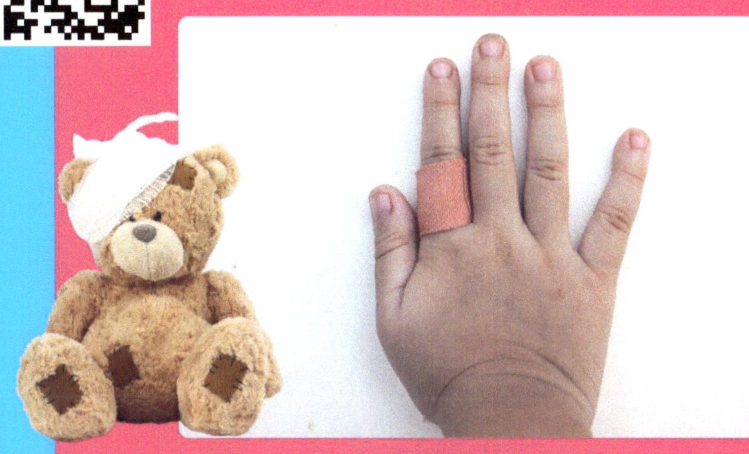

bandage

бинт

paramedic

фельдшер

firefighter

пожарный

firetruck

пожарная машина

ambulance

скорая помощь

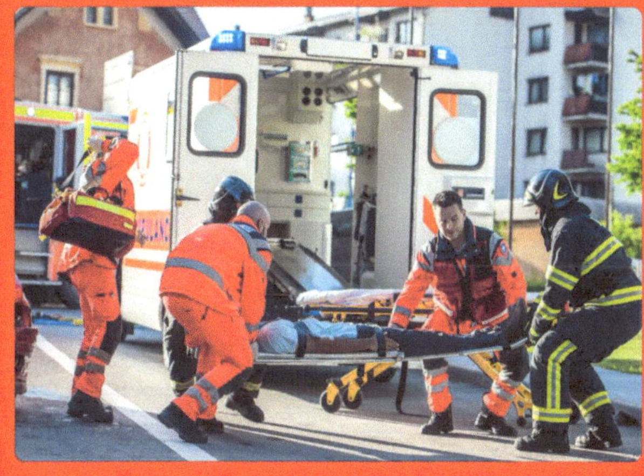

rescue team

спасательная команда

helicopter

вертолёт

boat

лодка

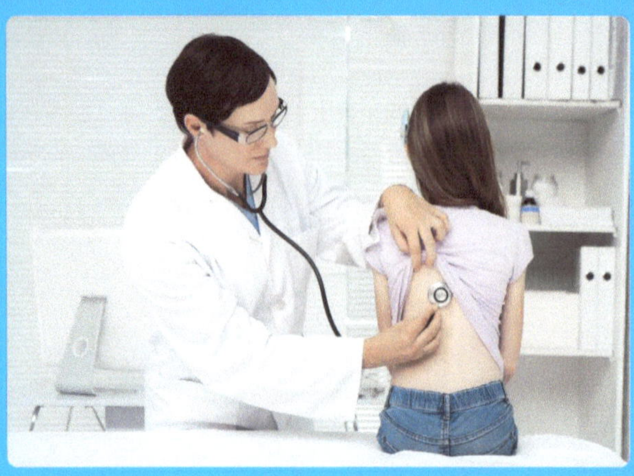

doctor

врач

nurse

медсестра

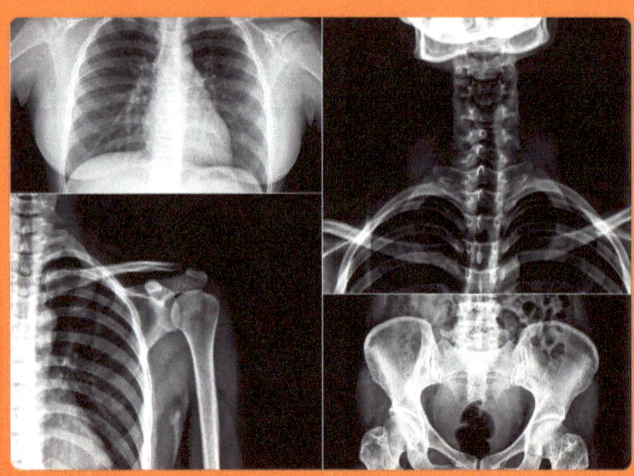

x-ray

рентген

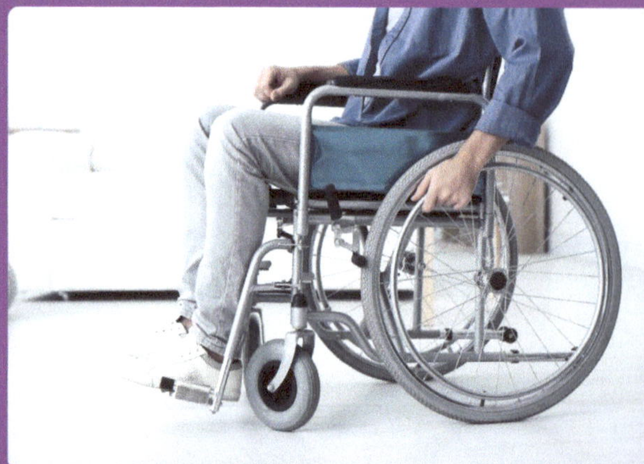

wheelchair

инвалидная коляска

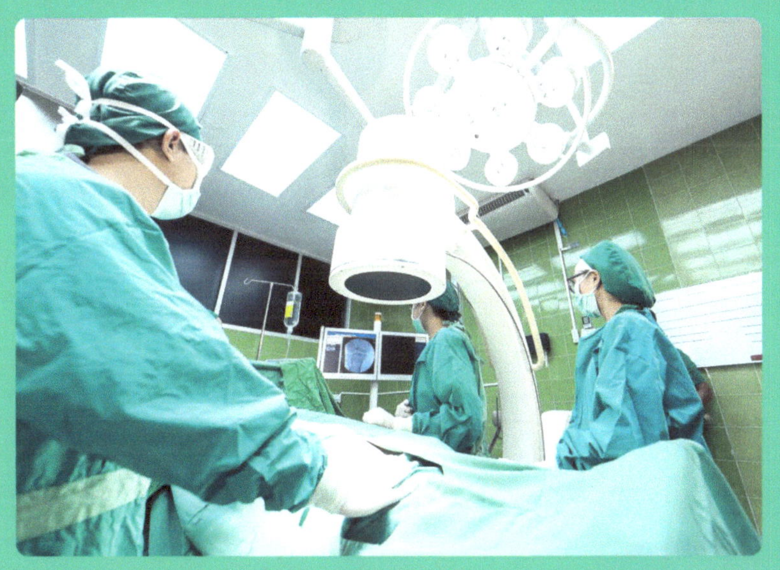

surgeon

хирург

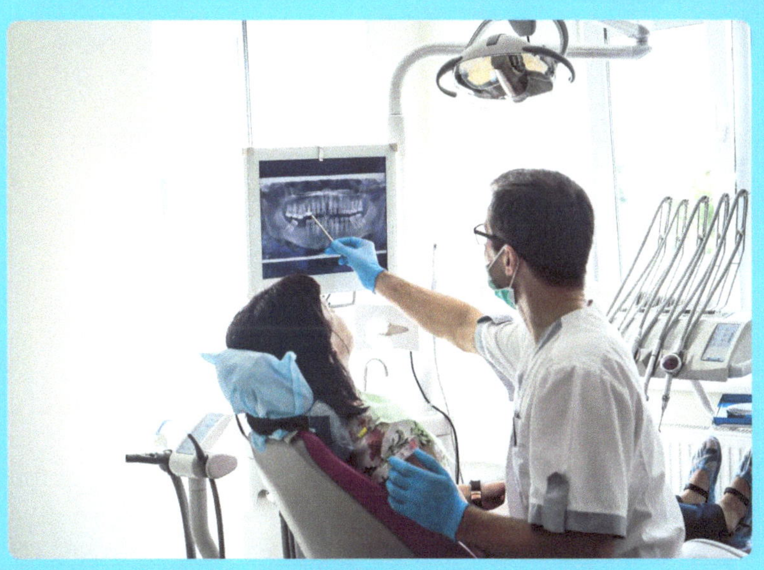

dentist

стоматолог

thermometer

термометр

scale

весы

first aid kit

аптечка

vet

ветеринар

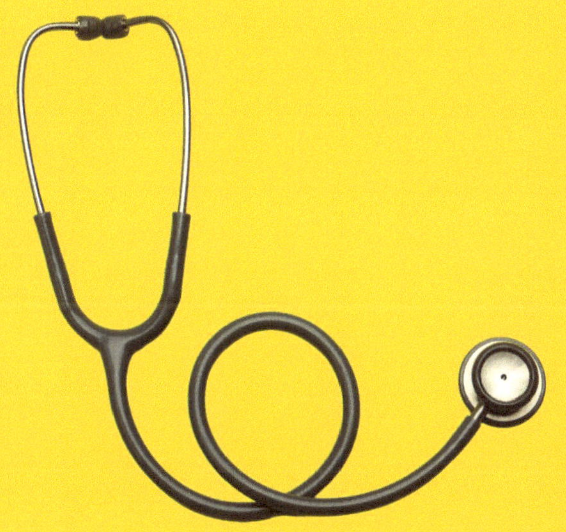

stethoscope

стетоскоп

dancing

танцы

basketball

баскетбол

soccer

футбол

swimming

плавание

skiing

лыжи

judo

дзюдо

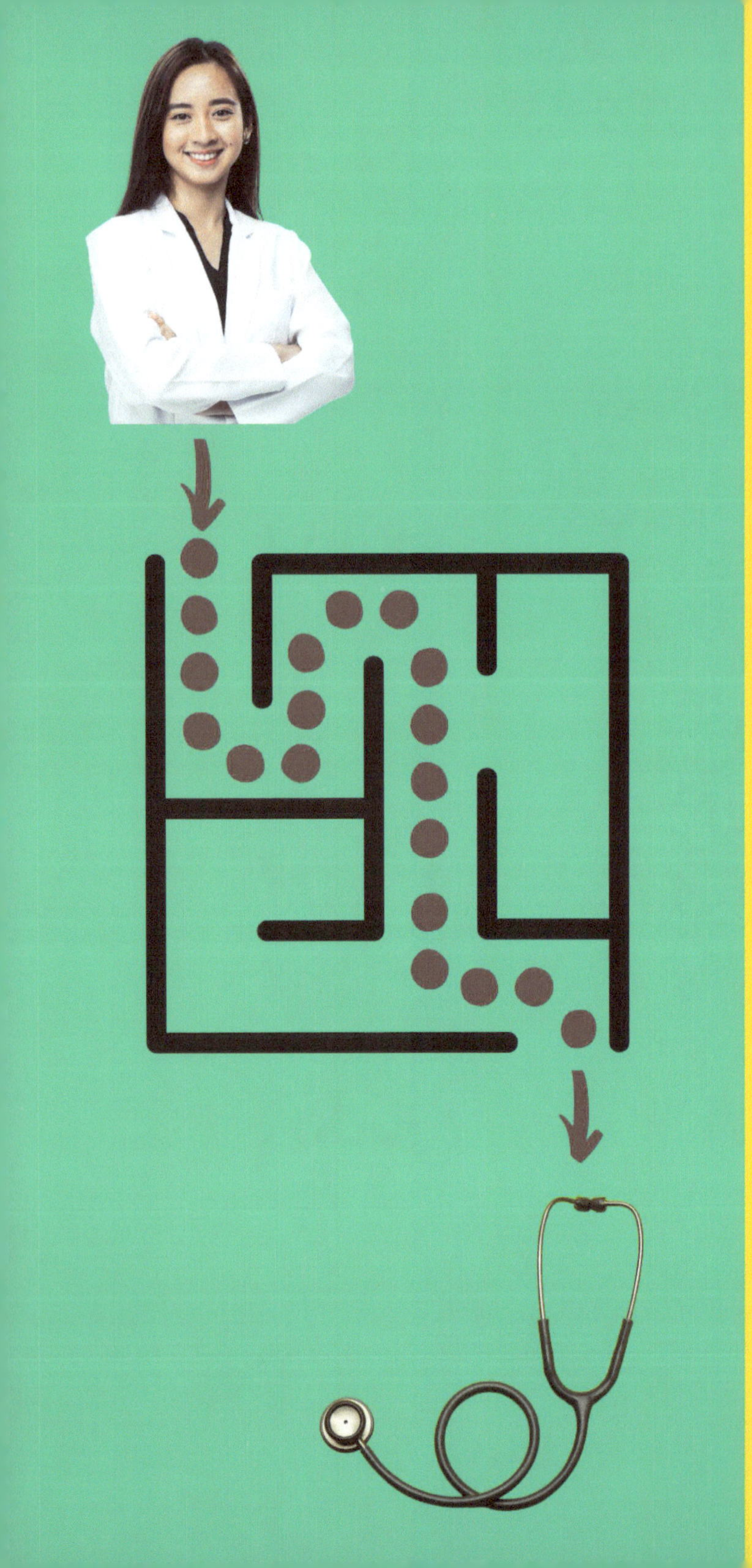